Sevilla

Ruhm des Guadalquivir

D1695618

susaeta

Sevilla hat sich durch seine volkstümlichen Häuser, mit ihren Ziergittern an den Fenstern und baumbepflanzten Innenhöfen, die städtischen Spuren der römisch-arabischen Kultur bewahrt.

Herstellung:
Thema, Verlagsteam, A.G.

Fotografien:
Marc Llimargas

© SUSAETA EDICIONES, S.A.
Campezo, s/n - 28022 Madrid
Tel. 913 009 100 - Fax 913 009 118
Printed in the EU

Die mit Blumen geschmückten Balkone ziehen die Blicke der Besucher des Stadtteils *Santa Cruz* auf sich.

Inhaltsverzeichnis

Sevilla

Der Ruhm des Guadalquivir

Der Schmuck und die Erhabenheit
der Straßen, ich weiß nicht,
ob Augustus von Rom sie jemals sah,
oder ob er je so große Reichtümer besaß.

Lope de Vega („*Der Stern von Sevilla*")

Präzision
Geometrische Präzision auf einer Wand im Speisesaal des Alcázar.

Herrlichkeit
Dekoration im *Almohaden*-Stil im *Patio de las Doncellas* (Innenhof der Jungfrauen) im Alcázar.

Religiösität
Sichtbare Spuren des gotischen Christentums, das Altarbild in der *Capilla Mayor*, der Großen Kapelle.

Pracht
Der *Mudéjar*-Stil bringt die reichhaltige Schönheit im Innenhof des aristokratischen *Haus des Pilatos* besonders gut zur Geltung.

Schönheit
Die Stuckarbeiten und die hölzernen Einlegarbeiten im Alcázar sind einen Besuch wert.

Harmonie
Ausgewogenheit beherrscht das Schlafgemach der Maurischen Könige im Alcázar.

Blick von den Ufern des Guadalquivir auf die *Plaza de Toros de la Maestranza.*

Sevilla

Ruhm des Guadalquivir

DIE ANFÄNGE VON HISPALIS
Die Arbeit des Hercules

Sevilla, Hauptstadt der selbstverwalteten Region „Andalusien", ist eine lebendige, schöne und moderne Stadt und das am dichtesten besiedelte Gebiet Spaniens. Die tausend Jahre alte – aber zugleich junge Stadt – liegt an den Ufern des Guadalquivir. Sevilla entwickelte sich zu einer der reichsten und aktivsten Städte Europas in jenen Zeiten, als sich der Handelsverkehr mit der Neuen Welt in Sevilla konzentrierte. Damals kam beeindruckende Fracht von Gold und Silber aus der Neuen Welt im Hafen von Sevilla an. Wie bei jeder mythischen Stadt verlieren sich die Spuren über die Gründung Sevillas in die Legende.

Die Flamenco-Gitarre

Neben der Triana-Brücke erweisen die Sevillaner diesem Instrument die Ehre, das ihre Gefühle am besten auszudrücken vermag.

Die Plaza de España

Die *Plaza de España* ist ein Platz, der mit neoklassizistischen Säulen und Wänden mit *Azulejo*-Kacheln gesäumt ist, welche geschichtliche Episoden aus der Provinz wiedergeben. Die *Avenida de Isabel la Católica* trennt den Platz vom Maria Luisa Park.

Die Stadtmauern

Um das 16. Jahrhundert erstrekkte sich die Stadtmauer auf etwa sechs Kilometer und war mit Wehrgängen, Türmen und Toren ausgestattet. Viele davon wurden später restauriert und mit Schießscharten und Zinnen versehen.

Das Sevillanische Haus

Der römisch-arabische Stil prägte die Sevillanischen Häuser. Deren Fassaden und Balkone leuchten heute noch in den typisch lebendigen Farben.

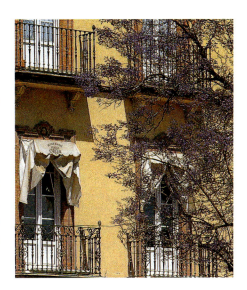

Die Gelehrten, die phantasievollen Erklärungsversuchen nicht abgeneigt sind, schreiben die Gründung Sevillas Herkules zu. Dieser vererbte die Stadt angeblich seinem Sohn Hispalo, von dem sich der Name Sevilla ableite. Andere Geschichtserzähler sehen in Sevilla das biblische „Tarsis", die Stadt der Metalle, mit der König Salomons Flotte Handel trieb. Auch *Jonas* versuchte, nach Sevilla zu fliehen, ehe er durch den Wal verschlungen wurde.

Diejenigen Gelehrten, die sich eng an historische Quellen halten, glauben, dass der Ursprung des heutigen Sevillas in *Ispal* liegt - ein Dorf, das vom iberischen Stamm der Turdetanier, Nachfahren der Tartessier, ungefähr im 8. Jahrhundert vor Christus gegründet wurde. Der berühmte Tartessische Schatz, der 1959 in „*El Carambolo*", nahe dem beliebten Stadtviertel Triana gefunden wurde, kann nur eine Ahnung von der Pracht und dem Glanz jener Zeiten vermitteln. Die Replik dieses Schatzes befindet sich im Archäologischen Museum.

Da die Ansiedlung an einer strategischen Erhebung an den Ufern des Guadalquivir gelegen war, entwickelte sie sich zum Zentrum eines wichtigen Marktes, der griechische, phönizische und karthagische Händler anzog, welche den Fluss von seiner Mündung im heutigen Sanlúcar de Barrameda flussaufwärts fuhren. Obwohl die Karthager Sevilla im Verlauf der Punischen Kriege zwischen Karthago und Rom befestigten, konnte dadurch nicht verhindert werden, dass die römischen Legionen die Stadt im Jahr 205 vor Christus eroberten und zerstörten. Die Ansiedlung wurde unter dem römischen Namen *Hispalis* wieder aufgebaut und erlebte die römischen Bürgerkriege, bis Julius Cäsar sie im Jahr 43 nach Christus in *Colonia Julia Romula Hispalis*

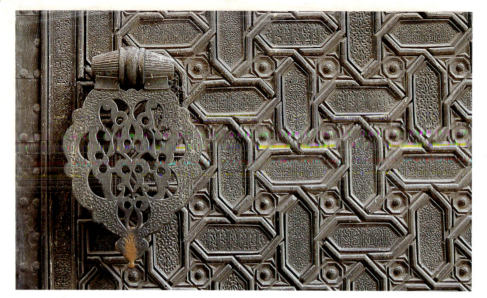

Islamische
Kunstschmiedearbeiten
Die Schmiede der Christen er-
erbten das Wissen der maurischen Schmiede und führten deren Tradition fort, wie dies die
kostbare Kunstschmiedearbeit
am Tor *Puerta del Perdon* in der
Kathedrale von Sevilla zeigt.

Der Torre del Oro
Diesen Turm erbauten die Almohaden zu Beginn des 13. Jahrhunderts, um den Hafen vor Angriffen der Christen zu schützen.
Einst war er mit vergoldeten *Azu-
lejos* verblendet.

umbenannte. Auf diese Weise wurde der Stadt, an den Ufern des *Betis* gelegen, eine großartige Entwicklung zuteil.

Wenige Jahre später gestand Kaiser Augustus der Stadt das Privileg zu, Geld zu drucken. Ihre wachsende Bedeutung kann man am Umfang der Stadtmauern ermessen, die den Stadtkern umgeben, am Abwassersystem, das zur Stadt gehört und an der Pracht, welche die Stadtbewohner zur Schau stellen. Auch wenn Sevilla mit dem nahe gelegenen *Itálica* - dem heutigen *Santiponce* und Wiege der Kaiser *Trajan* und *Adrian* - um die Kontrolle über den Handel mit Rom rivalisierte, konnte die Christianisierung des Reiches Sevillas Position festigen: Sevillas Stellung wurde betont als man es zum Sitz des Erzbischofs der Provinz Bética ernannte.

Während des Prozesses des Niedergangs des Römischen Rei-

ches wurde die Stadt im Jahr 411 durch die silingischen Vandalen besetzt und geplündert. 18 Jahre später jedoch wurden diese von den Westgoten verjagt, die Sevilla zur Hauptstadt ihres Reiches bestimmten. Als Hauptstadt des Bezirkes durchlebte es die Religionskämpfe zwischen den Arianern und den Christen. Durch diese Kämpfe verdeckt, fand das heimliche Ringen um die Macht zwischen den adeligen westgotischen Familien im Verborgenen statt. Ein Beispiel für diese Spannungen war 573 der Aufstand des Christen *Hermengild* gegen seinen Vater, den Arianer *Leowigild*. Diser belagerte die Stadt, leitete den Flusslauf von den Stadtmauern weg, nahm die Stadt ein und tötete seinen rebellischen Sohn. Von diesem Augenblick an verließ der westgotische Hof Sevilla, aber die Stadt konnte sich ihre kulturelle Wich-

tigkeit dank zweier Erzbischöfe erhalten: *Leander*, dem es 589 während des Konzils in Toledo gelang, Rekkared zum Christentum zu bekehren, und *Isidor*, dem Autor der *Etymologie*, das ein großartiges Werk über das Wissen jener Zeit darstellt.

Ishbiliya, die maurische Pracht

Nach der Niederlage von Roderich, dem letzten westgotischen König, in der Schlacht von Guadalete, nahmen die Mauren 711 die Stadt ein. Sie gaben ihr einen arabischen Namen, der sich zu *Ishbiliya* entwickelte und der im Volksmund wie *shbilya* klang und Sevilla seinen Namen gab.

Die maurischen Herrscher verschönten Sevillas Stadtbild, indem sie die Stadt um einige ihrer charakteristischsten Monumente bereicherte, die sich später zu Wahrzeichen entwickelten, wie

Der Nazareno von Triana
Diese Figur ist eine der schönsten Christusfiguren, welche von den circa 50 Laienbrüderschaften der Stadt während der Prozessionen in der Osterwoche gezeigt wird.

Die „Semana Santa" (Karwoche)
Die Stimmung während der Prozessionen in der Osterwoche ist von religiöser Inbrunst geprägt. In der Morgendämmerung von Karfreitag auf Ostersamstag erreicht sie ihren Höhepunkt.

zum Beispiel die *Giralda* und den *Torre del Oro* („Turm des Goldes"). Schon bald wetteiferte Sevilla, erster Sitz des Hofes von *Abd-al-Azis*, welcher der erste Kalif war, mit Córdobar darum, welches die größte und einflussreichste Stadt der Halbinsel wäre. Als Hauptstadt des Kalifen machte Córdoba seinen Einfluss geltend, und obwohl Sevilla auch weiterhin eine wichtige Stadt im Gebiet von *Al-Andalus* blieb, konnte es seine höchste Blüte erst erreichen, als das Kalifat in Córdoba 1013 fiel und Sevilla somit zur Hauptstadt eines unabhängigen Königreiches wurde.

Eine ausgesprochen glanzvolle Zeit erlebt Sevilla unter der Regierung von *Al-Mutamid*, einem gebildeten und der Dichtkunst zugewandten Monarchen, der zwischen 1069 und 1090 herrschte sowie unter der Herrschaft der Könige aus der Dynastie der Almohaden. Während diese zwischen dem 12. und 13. Jahrhundert an die Macht gelangten, wuchs Sevilla in städtebaulicher Hinsicht derart an, dass es sogar die Stadtmauern sprengte und das gegenüber liegende Ufer des *Wadi el Kebir*, erreichte: Der „Große Fluss", an dessen Seite sich dicht besiedelte Vorstädte, wie zum Beispiel Triana, erhoben.

Zu jener Zeit gewann die Stadt beachtliche Bauwerke hinzu, wie den Alcázar und die *Große Moschee (gran Mezquita)*, deren wunderbares Minarett – heute bekannt als *Giralda* – und der *Patio de los Naranjos* („Hof der Orangenbäume") erhalten sind. Die Stadt erhielt auch Verteidigungsanlagen – einige deren Reste sieht man in den schönen Abschnitten der Stadtmauer *La Macarena* – und Tore, zum Beispiel das Tor *Puerta de Córdoba*. Ebenso wurden Türme erbaut, wie der *Turm des Goldes,* der neben seinem Zwillingsturm *Turm des Silbers*, den

Eingang des Flusshafens vor möglichen christlichen Angriffen schützte.

Der christliche Höhepunkt

Die Einnahme Sevillas 1248 durch König Ferdinand III. markiert einen Einschnitt im Wiedereroberungskrieg, der *Reconquista*, welchen die christlichen Könige von der nördlichen Hälfte der spanischen Halbinsel aus begannen. Nachdem die Hauptstadt der Almohaden besetzt worden war, errichtete der Herrscher von Kastilien-León seinen Hof in Sevilla. Später wurde sein Sohn, Alfonso X., der Weise, dort gekrönt. Der kosmopolitische Char-

akter dieses großen Monarchen und seine aufrichtige Sorge um die Kultur veranlassten ihn, hier eine wichtige Schule für Arabisch und Latein zu gründen, welche der berühmten Übersetzer-Schule in Toledo ebenbürtig war – ein wahres Zentrum zur Verbreitung eines Wissensschatzes, den die Mauren über Jahre zusammengetragen hatten.

Während des Konfliktes, den *Alfonso X*. mit seinem Sohn *Sancho* austrug, war Sevilla die einzige Stadt, die ihm bis zum Ende treu blieb. Dieser Beweis an Treue und die tiefe Dankbarkeit des Königs wurden zu Sevillas Leitspruch, das historische „NODO", die Abkür-

zung für *„No me ha dejado"* („Sie hat mich nicht verlassen").

Die Christen wendeten den Verlauf des lange gegen die Mauren geführten Krieges zu ihren Gunsten, als sie die Kontrolle über den Sevillanischen Hafen erlangten. Die historische Bedeutung Sevillas würdigten die nachfolgenden Könige Kastiliens dadurch, dass sie auf ihren Reisen hier lange Station machten, so wie Peter I. (Peter der Grausame) und Johann II. Diese beiden Könige waren auch die ersten, die den alten, prächtigen Alcázar der almohadischen Teilreiche, sogenannte *Taifas*, veränderten und erweiterten.

Puerta del Perdón

Eingesäumt von den Skulpturen der Apostel Heiliger Peter und Heiliger Paul, zeigt die *Puerta del Perdón* (Tor der Vergebung) in der Kathedrale von Sevilla den preziösen, ornamentalen Stil arabischen Ursprungs. Der doppelte Bogen aus Schmiedearbeit und die Türen aus Lärchenholz, die mit Bronze verkleidet sind zeugen stumm von der Architektonik der alten Moschee. Dieses Tor und die sogenannte *Puerta del Lagarto* (Tor der Eidechse) eröffnen Zugang auf einen der schönsten Plätze der Kirche, den *Patio de los Naranjos* (Hof der Orangenbäume).

Christliche Heilige

Skulpturen von christlichen Heiligen, aus Keramik gefertigt, verzieren die Hauptfassade der Kathedrale von Sevilla.

Innenhof in Triana
Wertvolle Schmiedearbeiten und schöne Pflanzen zieren die Innenhöfe der sevillanischen Häuser.

Straße im Triana-Viertel
Auf der rechten Uferseite des Guadalquivir liegt das Stadtviertel *Triana*, dessen Name an den Kaiser Trajan erinnert. Dieses Viertel gilt als Wiege des Flamencos.

Das Ende der Reconquista-Kriege 1492 und vor allem die Entdeckung, Eroberung und Kolonisierung Amerikas, waren unter der Regierungszeit der Katholische Könige, der *Reyes Católicos*, für eine neue und großartige kulturelle Glanzzeit Sevillas Ausschlag gebend, das für mehrere Jahrhunderte zu einer der kosmopolitischsten und magnetischsten Städte Europas wurde.

Das Gold der Neuen Welt

Zwischen dem 16. und 17. Jahrhundert, vor allem während der Regierungszeit von Karl V. und Philip II., erlebte Sevilla einen seiner größten und ruhmreichsten historischen Momente. Das „große Babilonien Spaniens" war „*Puerto y Puerta del Nuevo Mundo*" („Tor und der Hafen der Neuen Welt"), um mit den Worten des Schriftstellers Lope de Vega zu sprechen. Diese Worte lassen den reichen Handel mit Amerika im sogenannte *Siglo de Oro* (Goldene Zeitalter) erahnen, das neben Sevilla

nur wenige Städte so deutlich in allen sozialen Ebenen widerspiegelte. Kaufleute, Bankiers, fliegende Handle, Dichter, Künstler, Geistliche, und Schelme belebten Sevillas Straßen. Entlang der Straßen entstanden große Weinkeller, Gasthäuser, Garküchen, Essenslokale, Verkaufsstände und Herbergen, wie jene in der *Calle Bayona*, die Cervantes häufig aufsuchte. Sie gehörte seinem Freund Tomás Gutiérrez. Teil dieser bunten Landschaft waren auch die *Corrales*. Diesen Namen gab man den einfachen Theatern, deren Eigentümer Theatergruppen mit Wanderschauspielern engagierten. Sie führten zumeist Werke Sevillanischer Autoren auf, wie z.B. von Lope de Rueda oder Juan de la Cueva. Letzterer wird als Begründer der spanischen Komödie angesehen.

Auf diese Weise zogen sich der Trubel, die Gerüche und die emsige Geschäftigkeit der alten Marktstände und der arabischen Burgvogteien bis zu den über-

dachten, arkadenartigen Straßen hin, wo Gold- und Silberschmiede, gewöhnliche Schmiede, Töpfer und andere Künstler ihren Platz fanden. Das geschäftige Treiben reichte bis zu den Plätzen und offenen Ecken der großen Stadt, wo man Märkte, Volksfeste und Trödelmärkte errichtete.

Vom Hafen aus breitete sich die Stadt immer weiter aus und vergrößerte sich in schwindelerregendem Maße, so dass sie über die Stadtmauern hinauswuchs: Zwischen 1500 und 1588 stieg ihre Einwohnerzahl von 75.000 auf 150.000 an, die Stadtviertel wurden immer größer. Neue Plätze und Alleen wurden gebaut und man errichtete Kirchen, Paläste und Wohnsitze, wodurch man dem Reichtum und der Vitalität der neuen Zeit Ausdruck verlieh. Die Herzoge von Alba, der Markgrafen von Tarifa und die Herzöge von Medina-Sidonia befahlen, Paläste zu errichten: Den Palast für die Herrinnen, den Palast für Pilatos und den Palast für die Guzmans.

Die Feria im April

Nach der Osterwoche geben sich die Sevillaner ganz der Lebensfreude hin: Mehrere Tage lang tanzen und singen sie, gehen spazieren und trinken. Der Ursprung dieses Festes liegt in den landwirtschaftlichen Volksfesten „Cincuesima" und „San Miguel", die von Alfons dem Weisen 1292 ins Leben gerufen wurden.

Parallel dazu veranlassten auch die reichen Händler aus Andalusien, aus dem Baskenland, aus Katalonien, aus Genua, aus Florenz, aus Deutschland, aus Holland und aus „Indien" den Bau von prachtvollen Wohnsitzen.

Handelshauptstadt und Zentrum der Welt

Die *Casa de Contratación*, das so genannte Handelshaus, wurde 1503 aufgrund eines königlichen Befehls errichtet. Es war der zentrale Dreh- und Angelpunkt, von dem aus der gesamte Handelsverkehr mit „las Indias", dem Spanisch-Amerika der Kolonialzeit, kontrolliert wurde. Sevilla gab zu jener Zeit den Anstoß zur Errichtung seiner Universität und beherbergte die erste Druckerei der königlichen Krone.

Nichtsdestotrotz leiten ab der zweiten Hälfte des 17. Jahrhunderts Veränderungen im internationalen Gefüge und lokale Faktoren das Ende von Sevillas Glanzzeit ein und den Beginn einer langen Phase wirtschaftlichen

Ferdinand III.
Reiterstatue gegenüber dem Rathaus auf dem Platz „*Plaza Nueva*". Die Statue erinnert an Ferdinand III. (*Fernando III.*), der auch den Beinamen „der Heilige" trug. Er war derjenige Herrscher von Kastilien-Leon, der Sevilla am 23. November 1248 den Mauren entriss und es zum Sitz des Hofes sowie zu einer strategisch wichtigen Enklave im langen Krieg der *Reconquista* (Wiederoberungskrieg) machte.

Niedergangs. Der Städtebau und das städtische Leben stagnierten bis 1929, als man wieder Anschluss an die Moderne suchte. Damals war Sevilla Sitz der iberoamerikanischen Ausstellung, die Anstoß zu einigen wichtigen städtebaulichen Reformen gab, obwohl diese zeitlich ungünstig auf den Ausbruch der Weltwirtschaftskrise fielen. Zeugnis dieser Reformen ist der wunderschöne Maria Luisa Park, der für die Sevillaner ein beliebter Ort für Spaziergänge ist.

Die Sevillaner im Zeitalter der Technologie

Der Bürgerkrieg unterbrach die Modernisierungsentwicklung Sevillas. Auch die Jahre der Diktatur waren ihr nicht dienlich. Somit hatte Sevilla erst mit der Weltausstellung 1992 – nach Wiederherstellung der Demokratie und im Rahmen tiefgreifender sozialer und politischer Veränderungen in Spanien – die Gelegenheit, sich zu einer der modernsten Städte Europas zu wandeln.

Anlässlich der Expo 92 wurde ein neuer Flughafen sowie der hochmoderne Bahnhof *Santa Justa* gebaut. Der Bahnhof *Santa Justa* ist für den Hochgeschwindigkeitszug (AVE) ausgelegt, der Sevilla mit Madrid verbindet. Außerdem wurde die imposante Brücke *Alamillo* erbaut, ein Werk des Architekten Santiago Calatrava.

Die Expo war der Entdeckung Amerikas durch Kolumbus gewidmet, die sich 1992 zum 500. Mal jährte. Als Veranstaltungsort diente die Insel *Cartuja*, deren Kloster 1401 gegründet und 1839 in eine Keramikfabrik umgestaltet worden war. Für die Ausstellung wurden auf der Insel beeindruckende thematische Pavillons, wie z.B. der *Pavillon der Entdeckung*, der *Pavillon der Schifffahrt*, der *Pavillon der Gegenwart* und der *Pavillon der Zukunft* gebaut.

Überhaupt gedachte Sevilla, seit es auf der neuen politischen und verwaltungsrechtlichen Landkarte eines demokratischen Spaniens zur Hauptstadt der selbstverwalteten Region Andalusien geworden war, mit großen und bedeutenden Veranstaltungen der Entdeckung der Neuen Welt.

Auf diese Art und Weise ist Sevilla zu Beginn des 21. Jahrhunderts eine traditionelle und moderne Stadt zugleich geworden: Sie ist eine Stadt, die den Puls der modernen Stadt wiedererlangt hat. Doch gleichzeitig trägt sie eine großartige Vergangenheit in sich, in der Sevilla zur politischen, wirtschaftlichen und kulturellen Hauptstadt der westlichen Welt herangewachsen war.

Der Park María Luisa

Die alten Gärten des Palastes *San Telmo* wurden Sevilla 1893 von der Prinzessin *María Luisa Fernanda* von Orleans geschenkt. Entworfen wurde der Park durch Jean Forestier. 1929 fand in diesem Park die iberoamerikanische Ausstellung statt. Im Park María Luisa sind gemütliche Ecken und Winkel erhalten geblieben, wie z.B. auf der *Plaza América*.

Die Giralda

Wegen seiner edlen Form, wagten Wegen seiner edlen Form rissen die christlichen Soldaten den Turm nicht nieder. Später wurde er zum Glokkenturm der Kathedrale umgewandelt und behielt den volkstümlichen Namen Giralda bei. Die einstige Moschee wurde ab 1184 unter der Herrschaft von Abu Yuqub Yusuf erbaut. Zu ihren Baumeistern zählen Gever oder Guever, Ahmed Ibn Baso und Alí de Gomara, die das Bauwerk mit dem rechteckigen Minarett und vier goldenen Kugeln an der Spitze ausstatteten.

Die Giralda

Von der Spitze der Giralda, in 94 Metern Höhe, kann man die „weiße Landschaft" der Stadtviertel und die alten Bauwerke bewundern. Die Außenfassade des Turms ist reich verziert, im Inneren dagegen gibt er sich schlicht. 35 spiralförmige Rampen, die durch schmale Fenster Licht erhalten, erlauben den Anstieg bis zur Terrasse des Turms.

Die Kugeln aus Gold sind Symbole der Perfektion und des Adels. Infolge eines Erdbebens fielen sie 1355 herunter, und anstelle der Kugeln brachte man ein christliches Kreuz an. 1568 fügte der Architekt Hernán Ruiz el Mozo dem Turm, der zu jener Zeit bereits ein Glockenturm der Kathedrale war, vier Figuren im Renaissance-Stil hinzu. Die Spitze des Turmes bildet eine bronzene Wetterfahne in Form einer menschlichen Figur, ein Werk von Bartolomé Morel, die den Glauben symbolisiert. Beim Volk heißt sie „*Giraldillo*" („Die sich dreht"), was dem Turm den Spitznamen „*La Giralda*" gab.

Der Alcázar

Der Alcázar ist ein festungsähnlicher Palast und Symbol sozialer und politischer Stellung der Stadt – sowohl unter maurischer als auch unter christlicher Herrschaft. Seine Ästhetik steht nicht im Widerspruch zu seiner ursprünglich militärischen Bestimmung. Arabische Sultane und christliche Könige genossen in seinem Luxus, seinen Innenhöfen und Gärten gleichermaßen Schutz als auch Erholung.

Der Alcázar

Der Patio de las Doncellas (Hof der Zofen), ist mit seinen wertvollen Fresken aus vielfarbigen Kacheln, mit seinen Schätzen und mit seinen vorspringenden Bögen Zeuge des ursprünglichen Alcázars aus dem 11. Jahrhundert.

Al-Mubarak oder „Palacio de la Bendición" (Palast des Segens) nannte der König *Al-Mutamid* den Alcázar. Er ordnete an, diesen auf den Grundmauern der einfachen Festung zu erbauen, die von *Abd-el-Rahman* im 10. Jahrhundert errichtet worden war.

Peter I., der Grausame, rekonstruierte den Alcázar im 14. Jahrhundert, um Dort zu residieren. Er war der erste Bauherr, der rum heutigen Erscheinungsbild des Alcázar beitrug. Die Katholischen Könige und Karl V., der seine Hochzeit mit Isabella I. von Portugal im Alcázar feierte, erweiterten das Gebäude um neue Wohnräume.

Der Alcázar

Macht und Ruhm manifestieren sich in der Herrlichkeit, welche die *Azulejo*-Kacheln der Sockel und die aufwändigen Stuckarbeiten der Wohnräume erschaffen. Auch die Salons von Karl V. und der Gesandten, in denen sich ornamentale Motive des Múdejar-Stils mit christlichen Stilelementen vereinigen, bringen dies zum Ausdruck.

Nicht umsonst steht auf der Fassade des Alcázars zu lesen: *„El muy alto et noble et muy poderoso et muy conqueridor don Pedro mando facer estors alcázares et palacios et estas portadas..."* („Der hohe und edle und mächtige und sehr erobernde Don Pedro befahl, diese Festungen und Paläste und Tore zu erbauen").

Die Kathedrale

Monumentales Gotteshaus des Christentums. Die Großartigkeit dieses Bauwerkes, das ab 1401 auf dem Gelände der großen Moschee errichtet wurde, ist mit der Pracht der Peterskirche in Rom, der der St. Pauls-Kathedrale in London oder der der Yamoussoukro an der Elfenbeinküste vergleichbar ist. Von Simón de Colonia, Alfonso de Rodríguez, Juan Gil de Hontañón, Diego de Riaño und Hernán Ruiz el Mozo erbaut, ist sie die größte Kathedrale, die Stilelemente der Gotik und der Renaissance vereint.

Die Kathedrale

Die unglaublichen Reichtümer, die aus der Neuen Welt kamen, finanzierten die Erbauung der beeindruckenden Kirche. Ihr rechteckiger Grundriss umfasst 116 x 76 m und sie erreicht am höchsten Punkt des Kreuzbogens eine Höhe von 56 Metern. Außerdem umfasst die Kathedrale fünf Kirchenschiffe und an die dreißig Kapellen. Große Architekten und spanische Künstler, Deutsche und Andalusier, waren am Bau der Bogenwerke der Kirchenschiffe und an der Anfertigung von Glasfenstern und Reliefs beteiligt, wie zum Beispiel an der Tür zu den *Campanillas* („Glockentürme"). Diese Tür ist zwischen der *Sala Capitular* („Kapitelsaal") und der *Capilla Real* („Königliche Kapelle") gelegen, wo die sterblichen Überreste von Ferdinand III., dem Heiligen, von Alfons X., dem Weisen, und Peter I., dem Grausamen, ruhen.

Die Kathedrale

Die Capilla Real, hat einen quadratischen Grundriss und ist von Hernán Ruiz II mit einer herrlichen Rosetten-Kuppel vollendet worden. In dieser Kapelle ruhen die Reste von Ferdinand III. in einer prachtvollen Urne aus Silber, die durch die großen Sevillanischen Meister der Silberschmiedekunst im 18. Jahrhundert reichhaltig verziert wurde.

Der Christo de la Clemencia („Christus der Gnade") ist einer der größten Kunstschätze der Kathedrale Sevillas. Diese Skulptur von eleganter Gestalt und perfekter Ausführung befindet sich in der *Capilla de las Cálices* („Kelch-Kapelle") und ist eines der Meisterwerke des spanischen Barocks. Der Erschaffer der Figur, Juan Martínez Montáñez, wurde Opfer der Pest, welche die Stadt 1649 heimsuchte.

Die Kathedrale

Der Patio de los Naranjos („Hof der Orangenbäume"). mit den Toren „*Puerta del Perdón*" (Tor der Vergebung) und der „*Puerta del Lagarto*" (Tor der Eidechse) sowie dem Turm *Giralda* sind Zeugnis der ehemaligen großen Moschee, welche von den Herrschern der Almohaden im 11. Jahrhundert erbaut worden war. Dieser alte Bereich, auf dem die Mauren ihre rituellen Waschungen abhielten und zu dem man durch die Tore *Puerta del Perdón* und *Puerta de los Naranjos* gelangt, verdankt seinen Namen eben diesen Orangenbäumen („*naranjos*"). Die symmetrische Anordnung der Orangenbäume betont die Harmonie und den Ernst, die man in diesem Hof spüren kann.

**Die Monumentalität und der archi-
tektonische Reichtum** der Kathe-
drale von Sevilla wirken beeindruk-
kend. Die verschiedenen Tore – *La
Puerta del Perdón, Puerta Mayor,
Puerta del Nacimiento, Puerta de la
Lonja, Puerta de Palos, Puerta de
Oriente* und die *Tore der Glocken-
türme* – die Kuppeln, der Glocken-
turm *La Giralda* und die reichhaltigen
Verzierungen spiegeln die Harmonie
wieder, mit der der gotische Stil in den
Stil der Neoklassik überging. Diese
Kathedrale verkörpert auch eines der
größten Bauwerke des christlichen
Glaubens.

Die Kathedrale

Das Haus des Pilatus

Der Palast Medinacelli wurde *Casa de Pilatos* („Haus des Pilatus") genannt, weil *Don Fadrique* 1521 nach der Rückkehr aus dem „Heiligen Land" mit dem Palastes das Haus des Pontius Pilatus wollte, so sagen einige. Andere Stimmen behaupten, dass die Prozession in der Karwoche hier begann. Säulen, Statuen und Büsten wie die von Janus und Vespasianus und der feine orientalische Stil haben schon immer dazu beigetragen, volkstümliche Legenden zu nähren.

Das Haus des Pilatus

Die Kunst des Mudéjar-Stils und der Renaissance vereinigen sich im Bauwerk des prachtvollen Palastes der Herzöge von Medinacelli. Im Innenhof des Palastes harmonieren die romanischen Säulen gekonnt mit den Bögen im *Mudéjar*-Stil. Die Linienführung dieser Bögen formvollendet die herrlichen, ornamentalen Verzierungen. Die Kunstschmiedearbeiten der Sevillanischen Kunsthandwerker und die Kacheltäfelungen im arabischen Stil sind Zeugnis eines der brillantesten Bauwerke der ornamentalen Kunst in der andalusischen Renaissance.

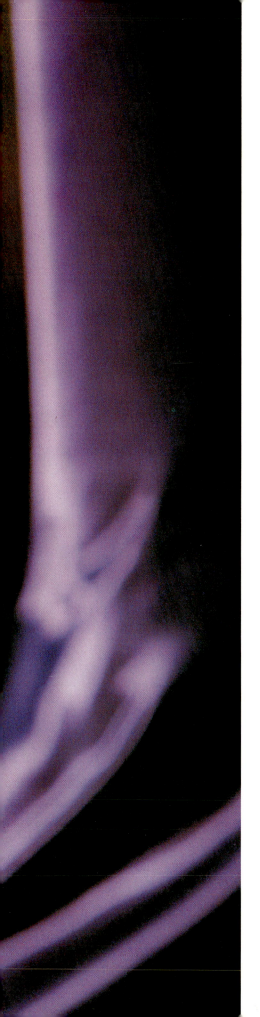

Die Karwoche

Hingabe und religiöse Feierlichkeit, Intensität, Prunk und Farbenpracht sind ein wesentlicher Bestandteil der Feierlichleiten der Karwoche, der Semana Santa, in Sevilla. Von Palmsonntag (*„Domingo de Ramos"*) bis zum Karfreitag (*„Viernes Santo"*) folgt morgens und abends eine Prozession der anderen. Um die zehn Bruderschaften tragen die *Pasos de Cristo*, die den Kreuzgang mit Stationen der Leidensgeschichte Christi oder eine *Macarena* zeigen.

Die Straßen und Balkone der Stadt werden festlich geschmückt und bieten ganz besondere Aussichtsplätze, um dem Vorüberziehen der Heiligenbilder beizuwohnen. Tausende von Menschen strömen in diesen Tagen nach Sevilla – angelockt sowohl vom eigenen Glauben als auch von der einzigartigen Schönheit der Festlichkeiten. Deren bewegensten Momente kommen zum Ausdruck, wenn die *Pasos*, die Heiligenbilder, ihre jeweiligen Kirchen verlassen und wenn sie wieder hineingetragen werden. Neben diesem Ausdruck tiefen Glaubens, werden auch der Lebensgeist der Sevillaner sowie die tiefe Überzeugung deutlich, dass die Auferstehung Christi den Sieg des Lebens über den Tod bedeutet.

Die Karwoche

Die Karwoche

Wenn der Festzug mit Heiligendarstellungen vorbei zieht, singt das Sevillanische Volk ihm zu Ehren die *Saetas*: Diese Form des Flamenco wird spontan von anonymen Sängern als Ausdruck ihres Glaubens angestimmt und ist von Inbrunst und tobender Begeisterung gekennzeichnet. Jede Laienbruderschaft trägt für gewöhnlich zwei *Pasos* mit Heiligenbildern. Das erste Bild stellt den gekreuzigten Christus (siehe rechtes Foto: „*El Cacharro*") oder eine Szene aus der Passion dar, das zweite eine *Mater Dolorosa*, eine Schmerzensmutter, die den Abschluss des Zuges bildet. Die erste Route der Laienbruderschaften und Bruderschaften wurde 1520 festgelegt. Sie begann zwischen der Kapelle des Hauses des Pilatus und der Kirche *Cruz del Campo*.

Die Karwoche

In der Morgendämmerung des Karfreitags, wenn die *Virgen de la Macarena* (Die Jungfrau von Macarena) aus Ihrer Kirche getragen wird, sind Sevillas Straßen von ehrfurchtsvoller Stimmung erfüllt. *Saetas* – vorgetragen mit tiefgreifendem Gefühl – begleiten die Heilige Jungfrau auf ihrem Weg und lassen verhaltenen Beifall aufkommen.

Die Sehenswürdigkeiten der Stadt

Das Rathaus. Ein mit Silberarbeiten verziertes Gebäude, das 1527 von Diego de Riaño erbaut wurde. Das Rathaus stellte eine äußerst beeindruckende Ausführung des bürgerlichen architektonischen Stils der Hauptstadt Sevilla dar. Seine elegante Fassade beherrscht den Platz *plaza San Francisco*, der seit dem 16. Jahrhundert ein zentraler Dreh- und Angelpunkt Sevillas ist. Hier beginnt die beliebte Straße *Calle Sierpes*.

Die Sehenswürdigkeiten der Stadt

Der erzbischöfliche Palast. Der Palast befindet sich auf dem Platz *plaza Virgen de los Reyes*. Dieses monumentale barocke Bauwerk aus dem 18. Jahrhundert beeindruckt durch seine Brunnen, durch seine imposante Treppe aus Marmor und durch seine Fresken, welche die Wände schmücken. Herausragend ist auch seine Gemäldesammlung, die Werke der größten spanischen Künstler der Renaissance enthält.

Krankenhaus der Wohltätigkeit. Zur Achtung und als Trost für die Armen bestimmt, wurde dieses herrliche barocke Bauwerk auf Anordnung des von Reue geplagten *Don Miguel de Mañara* errichtet. Der Aussage Einiger nach soll dessen von Exzessen geprägtes Leben Tirso de Molina zur Schaffung seiner Figur Don Juan inspiriert haben.

Die Sehenswürdigkeiten der Stadt

Die Real Fábrica de Tabacos. Dieses Gebäude ist heute Sitz der Universität. Neben dem Escorial ist die ehemalige Tabakfabrik eines der größten historischen Gebäude Spaniens. Sie ist im Stil der Neoklassik erbaut und weist eine barocke Vorderseite auf. Früher arbeiteten in der Fabrik bis zu 10.000 Menschen. Eine ihrer Arbeiterinnen, eine *cigarrera*, gab Anregung zu *Merimées Carmen*.

Die Sehenswürdigkeiten der Stadt

Palacio de San Telmo (Der Palast San Telmo). Am Ufer des Guadalquivir gelegen, erhebt sich dieses stolze Gebäude, das im neoklassischen Stil erbaut wurde und mit barocker Fassade ausgestattet ist. Der Palast wurde im 17. Jahrhundert durch Leonardo Figueroa auf Anweisung von Karl II. errichtet. Zur Zeit ist er der Amtssitz der Regierung der selbstverwalteten Region Andalusien. Zuvor war hier das Kirchenseminar untergebracht, und ursprünglich fungierte er als Marineschule. Das Gebäude, das als Unterkunft und Studienort für die Waisen aus der königlichen Armee diente, verdankt seinen Namen dem Schutzheiligen der Seefahrer, San Telmo.

Das Museo de Bellas Artes (Museum der Schönen Künste). Das alte Kloster aus dem Mittelalter gehört zum Orden der Mercedarier. Es wurde im 17. Jahrhundert im Stil der Renaissance renoviert. In dem Museum ist die zweitgrößte Gemäldesammlung Spaniens untergebracht.

Die Plaza de España war das Zentrum der iberoamerikanischen Ausstellung 1929. Den öffentlichen Platz mit großem Wasserbecken umgibt ein Gebäude in Form einer Ellipse. Ein Säulengang des Gebäudes führt an Symbolen und Geschichten aus den verschiedenen spanischen Regionen vorbei, welche an dessen Wänden auf *Azulejo*-Kackeln dargestellt sind.

(Auf dem Foto rechts und auf den beiden folgenden Seiten)

Die Sehenswürdigkeiten der Stadt

Parks und Gärten

Der Park María Luisa. 1893 schenkte die Prinzessin *María Luisa Fernanda* de Orléans der Stadt das Gelände mit den Gärten, welche zum Palast San Telmo gehörten, um einen Park zu schaffen. Der Park wurde 1929 neu angelegt. Die *Glorieta de Bécquer* – eine kleine Gartenlaube, die dem Dichter Bécquer gewidmet ist – die *Plaza de América* und der *Pavillon* der Renaissance sind Teil dieses romantischen Platzes.

Parks und Gärten

Springbrunnen, Beete und kleine Waldstücke säumen die Wege im Park *María Luisa*, dessen romantische Stimmung im Löwen-Brunnen, dem *Fuente de los Leones* und den wunderschönen Gartenlauben zum Ausdruck kommt. Diese Gartenlauben, die zur Romantik des Parks beitragen, sind verschiedenen spanischen Poeten gewidmet: zum Beispiel dem sevillanischen Dichter Gustavo Adolfo Bécquer, dem bedeutendsten spanischen Romantiker; oder Antonio und Manuel Machado, deren Verse die Gefühle der Volksseele ausdrücken.

Bäume, Springbrunnen und kleine Treppen vermitteln den harmonischen Eindruck eines Parks, der sich fortwährend in „Bewegung" befindet. Es scheint, als ob die Zweige, Bäume und die Bogen der Wasserspiele mit den Kontrasten von Licht und Schatten spielen. Das Leben flutet in schattigen, kühlen Ecken und im hellen, bunten Licht. Im Vorübergehen kann man das säuselnde Geräusch der Fontänen der Springbrunnen hören. Ihr Klang unterstreicht die Gelassenheit, mit der vorbeigehende Passanten auf stillen Wegen spazieren gehen und am Rande der Springbrunnen ein gemütliches Plätzchen suchen.

Die intensive Farbenpracht der Vegetation im Park María Luisa ist ein Überschwang an Natur, Licht und Farbe. Ein Lobgesang auf die Lebensfreude.

Die filigranen Kunstschmiedearbeiten der sevillanischen Schmiedemeister stehen in der Tradition islamischer Kunst und ahmen die Linienführung von Pflanzen nach. Es sind großartige kunstvolle Werke, welche die enge Verbundenheit zwischen dem menschlichen Geist und der Natur ausdrücken und deren Übereinstimmung zeigen.

Parks und Gärten

Blick auf ein Haus aus mit unverputzten Ziegelsteinen. Die Gebäude, die sich ihr geschichtliches Interesse bewahrt haben, scheinen Verstecke zu spielen und verbergen sich hinter ihrem Blätterwerk. Die zahlreichen Plätze dieser Umgebung sind reich an Natur und Grün. Sie stellen einen Ort der Ruhe und Entspannung dar. Dort kann man Zuflucht finden, wenn man den Gegenden der Hektik und den „Betonwüsten" entfliehen möchte.

Parks und Gärten

Die Jardines de Murillo (Murillo-Gärten) grenzen an die Gärten des Alcázar sowie an eine Seite der eindrucksvollen Tabakfabrik an. Die *Jardines de Murillo* sind mit grünen, präzis angelegten Beeten ausgestaltet, deren Symmetrie das dortige Monument von Christoph Kolumbus noch verschönern. Hier in der Nähe, an der Grenze zum Stadtteil Santa Cruz, lebte *Bartolomé Esteban Murillo*, der neben *Francisco Zurbarán*, *Juan de Valdés Leal* und *Alonso Cano* einer der wichtigsten Vertreter der spanischen Malerei des Barocks ist.

La Cruz de la Cerrajería (das Schmiedewerkstatt-Kreuz), erhebt sich zwischen den Bäumen auf der *Plaza de la Cruz* empor, nur einige Schritte von den Murillo-Gärten entfernt. Seine schöne Schmiedearbeit inspirierte die volkstümliche Namensgebung. Dieses christliche Symbol stellt einen markanten Punkt im Stadtteil *Santa Cruz*, dem früheren Judenviertel, dar. *Santa Cruz*, wo lichthelle Häuser und schmalen Straßen sich zu einem städtischen Labyrinth verflechten, das bohemische Magie umgibt.

Sonnendurchflutete Innenhöfe, die sogenannten patios, und verborgene kleine Plätzchen, haben Türen, die mit schönen schmiedeeisernen Gittern verziert sind. Hier eröffnen sich der Blick auf bunte *Azulejo*-Kacheln: Sie schmücken Wände, Schalen mit Blumen, einen Brunnen oder einen kleinen Garten. Die architektonische Planung der andalusischen Häuser zeigen eine kluge Synthese aus römischer Dorfarchitektur und maurischer Bauweiser und sind typisch für den Baustil im Stadtteil Santa Cruz: Ein Viertel, das sich durch seine engen, labyrinthartigen Gassen charakterisiert, die immer angenehme Überraschungen bereit halten.

Weiße Häuser und Häuser, die in leuchtenden, fröhlichen Farben gehalten sind, prägen das Aussehen des typisch Sevillanischen Stadtviertels *Santa Cruz*, einem wichtigem Zentrum von bedeutenden geschichtlichen Ereignissen. Hier befand sich das jüdische Getto. Der Grundriss dieses Viertels ist ein sympathisch einladendes Labyrinth aus engen Gässchen mit auffallenden Namen, die an die Vergangenheit erinnern: *Calle de Muerte y Vida* („Die Straße von Tod und Leben") und andere, wie zum Beispiel *Calle Pimienta* („Pfefferstraße"), oder *Calle del Moro* („Die Straße der Mauren") und *Calle de Aqua* („Wasserstraße"). Auf dem Platz *plaza de doña Elvira*, einem alten corral (Innenhof-Theater) für Komödien, erhebt sich das Krankenhaus *hospital de Venerables Sacerdotes*, ein einfaches Wohnheim für ältere Priester. Zu dem Krankenhaus gehört eine schöne Kapelle, welche von Juan und Lucas Valdés ausgestattet wurde, sowie ein hübscher, zentraler Innenhof.

Parks und Gärten

Die Umgebung des Guadalquivir

Der Guadalquivir, Wadi el Kebir oder großer Fluss wurde er von den Arabern genannt und bei den Römern hieß er *Baetis*. Durch Jahrhunderte hindurch war er die Lebensader Sevillas, und er ist es immer noch. Um den Fluss zu überqueren, geht man über die alte Brücke Isabel II. oder die Brücke in Triana (Foto unten rechts). Oder man nutzt eine der modernen Brücken *Puente de la Barqueta* und *Puente de Alamilla* (Foto links und oben rechts).

Die Veranstaltung der Expo im Jahr 1992 beeinflusste die städtische Entwicklung und Modernisierung Sevillas wesentlich. Die Wahl der Insel *Cartuja* als Veranstaltungsort war für die Wiederbelebung dieses urtümlichen Ortes inmitten des Guadalquivirs Ausschlag gebend und verlieh dem Stadtbild ein futuristisches Aussehen.

Die Umgebung

Auditorium. Die *Cartuja de Santa María de las Cuevas* war ein mittelalterliches Kloster, in dem Christoph Kolumbus lebte, arbeitete und in dessen Kapelle er begraben wurde. Mitte des 19. Jahrhunderts gründete hier Charles Pickman eine berühmte Keramikfabrik. Um das ehemalige Kloster herum errichtete-man beeindruckende Bauten wie das Auditorium.

des Guadalquivir

Der ruhige Flusslauf des Guadalquivir und die dichte und farbenprächtige Vegetation seiner Ufer prägen das Stadtbild Sevillas. Das Murmeln des Wassers und der Duft der Blumen schaffen eine Atmosphäre in der Stadt, gleich derer in einem Paradies. Eine fröhliche und lebendige Großstadt, in der die reiche geschichtliche Vergangenheit mit der Dynamik der Gegenwart zusammenlebt – eine Gegenwart, die ihre Schritte bereits dem Rhythmus der Zukunft angepasst hat. Das anmutige Sevilla und der unverbaute Guadalquivir sind nicht aufzuhalten.

Der Torre del Oro (Turm des Goldes) mit seinem soliden und elegantem Tor erhebt sich beeindruckend an den Ufern des Guadalquivir. Er wurde zu Beginn des 13. Jahrhunderts von den Almohaden als Teil der gemauerten Verteidigungsanlagen des Alcázars erbaut. Die Mauern dieses zwölfeckigen Turmes waren mit vergoldeten Azulejo-Kacheln verkleidet. Seine Entsprechung fand der Turm im *Torre de la Plata*, dem „Turm des Silbers": In diesen Türmen lagerte man die Fracht der oben genannten wertvollen Edelmetalle, die aus las *Indias* kamen, dem Spanisch-Amerika der Kolonialzeit.

Die Umgebung des Guadalquivir

Die Feria im April

Ein Erlebnis der Freude und Farben ist die Feria im April, eine der Festivitäten, die den Charakter Sevillas am besten zum Ausdruck bringt. Zwei Wochen nach Ostersonntag feiern die Sevillaner in den Straßen ein Ereignis von internationaler Bedeutung. Tausende von Besuchern strömen jedes Jah in die Stadt, beseelt von dem Wunsch, an diesem großen Fest teil zu haben: Hoch elegante Reiter und Kutschen ziehen vorbei und die Leute tanzen zum Klang von Handtrommeln und Händeklatschen.

Die Sevillaner flanieren in ihre besten Festkleidung auf dem Gelände der Feria, im Stadtteil „Los Remedios". Die Freude ist in der ganzen Stadt zu spüren. Historischen Quellen zufolge entstand dieses Fest durch die Zusammenlegung der beiden Landwirtschaftsmessen „Cincuesma" und „San Miguel", die 1292 Alfons X. ins Leben rief. Königin Isabel II. erneuerte 1847 ein Dekret des weisen Königs Alfons X. und legte damit den Grundstein für das Vorläuferfest der heutigen Feria, indem sie drei Jahre später die Trennung des Viehmarktes vom Markt der Viehzüchter bestätigte. Ihre heutige Gestalt erhielt die Feria erst in den dreißiger Jahren des 19. Jahrhunderts.

Die Feria im April

Während der Tage der April-Feria zeichnen sich die farbigen Girlanden deutlich gegen das Blau des Himmels ab. Sie gelten als Symbol der Freude und der Feste, welche das Leben in Sevilla während dieser langen und intensiven Woche beherrschen.

Die Feria im April

Schöne, junge Frauen, die auf stolzen und ebenfalls festlich geschmückten Pferden reiten, bevölkern die Straßen des Festgeländes. Die jungen Damen tragen einen kurzes Kleid oder eine Tracht und einen Hut im Cordoba-Stil wie die männlichen Reiter. Auch diese zeigen sich gerne in der Öffentlichkeit, wobei sie selbst auf dem Pferd ganz vorne reiten, während ihre Partnerinnen hinter ihnen im Damensitz Platz nehmen (siehe auch das Foto auf Seite 86). Das Trachtenkleid der Damen hat viele Falten und ist mit Rüschen und Tupfen versehen. Die Frauen tragen den *mantoncillo,* eine Art Stola mit Fransen, über die Schultern gehängt; Blumen zieren ihr Haar oder den Brustbereich. Die Familien hingegen fahren in ihren luxuriösen Kutschen spazieren.

Zeltartige kleine Häuschen, die so genannten Casetas, und Säulen mit farbigen Bändern zieren die Straßen des Festgeländes; aber die ganze Stadt ist erfüllt von Farben, Trubel, Klängen, Klackern der Tanzschritte, Händeklatschen, Flamenco-Gesang, Sevillanas und vom Duft der Speisen.

(Fotos auf den folgenden zwei Seiten.)

Die Maestranza

Die Plaza de Toros de la Maestranza (Stierkampfarena in der Maestranza) ist nahezu die charakteristischste Stierkampfarena in ganz Spanien. Selbst das Programm der Osterwoche, der Feria de April und der Feria San Miquel umfasst die Zelebrierung von wichtigen Stierkämpfen, den *corridas*, in diesem Haus der Stierkampf-Liebhaber. Das *Museo Taurino*, das Museum des Stieres, befindet sich im Inneren des Gebäudes und enthält bestickte Trachten von Stier kämpfern und Gemälde von legendären *Toreros*.

Der berühmte sevillanische Stier-kampfplatz (La Maestranza) wurde zwischen 1761 und 1881 auf Ersuchen der adeligen Bruderschaft San Hermengildo erbaut. Seit der Zeit des Mittelalters hat die feierliche Durchführung von Stierkämpfen im Sevillanischen Volk Tradition. Damals gefiel es edlen Rittern, ihre Geschicklichkeit dem Volk vorzuführen, indem sie kräftige Stiere mit ihren Lanzen angriffen. Die Kosten dieser öffentlichen Lustbarkeiten wurden von der Aristokratie oder vom Domkapital getragen. Zeitlich fielen die Feste mit der Durchführung von wichtigen weltlichen oder religiösen Feiern zusammen.

Die Maestranza

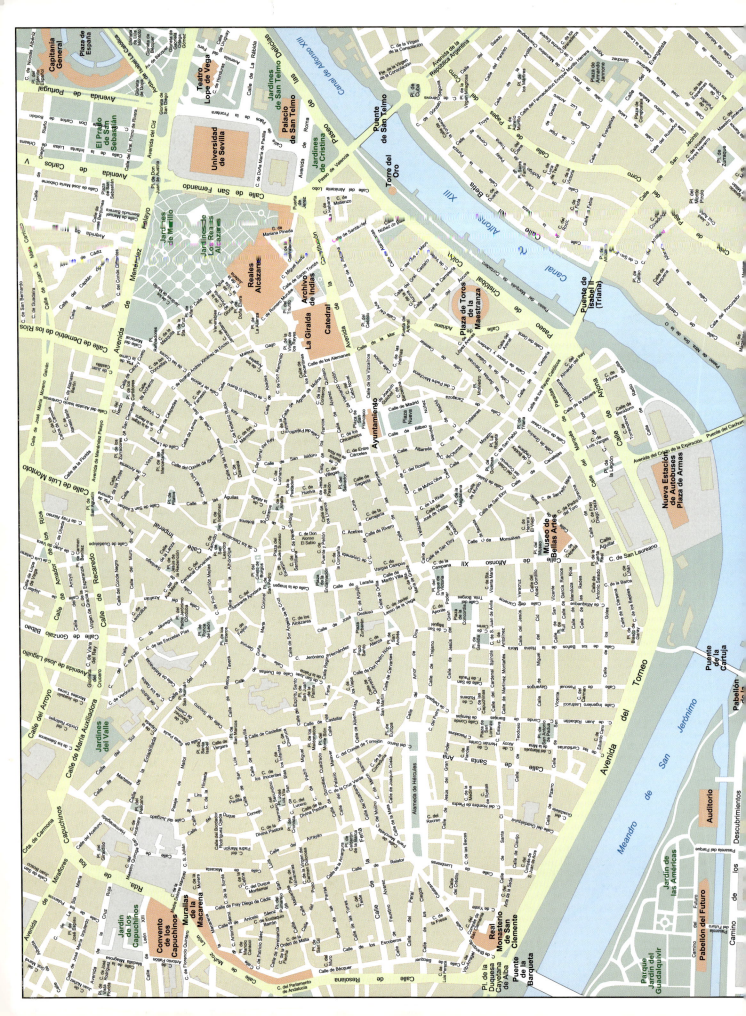